I0796174

EL

GRANO DE CAFÉ

EL GRANO DE CAFÉ

Una sencilla lección para crear cambios positivos

JON GORDON   DAMON WEST

El grano de café
The coffee bean

Loreto 13-15, Local B. 08029 Barcelona - España
revertemanagement.com

2ª impresión: enero 2022

Edición en papel
ISBN: 978-84-17963-16-3

Edición ebook
ISBN: 978-84-291-9586-6 (ePub)
ISBN: 978-84-291-9587-3 (PDF)

Editores: Ariela Rodríguez / Ramón Reverté
Coordinación editorial y maquetación: Patricia Reverté
Traducción: Betty Trabal
Revisión de textos: Mariló Caballer
Ilustraciones: Rachel Yedam Kim / Danke

Diseño cubierta: Wiley
Imagen cubierta: © Getty Images / Kim Thoa Vo / EyeEm

Impreso en España - *Printed in Spain*
Depósito legal: B 19667-2020

Impresión: Liberdúplex
Barcelona - España

#42

Jon dedica este libro a Kathryn, quien superó sus circunstancias y transformó su mundo como un grano de café.

* * *

Dedico este libro a mi mujer, Kendell, y a su hija, Clara: mis dos granos de café favoritos. Con cariño, Damon.

Introducción

En el verano del año 2018, Jon Gordon estaba sentado en el despacho de Dabo Swinney, como solían hacer tras los entrenamientos desde 2012, para comentar libros que ambos habían leído y compartir ideas sobre cómo crear culturas extraordinarias y equipos ganadores. En esa ocasión, Dabo le comentó a Jon que le había pedido a un hombre que diera una charla a los chicos de su equipo y que el mensaje que les transmitió era uno de los más impactantes que había escuchado en su vida.

Ese hombre era Damon West y había dado una charla sobre el grano de café. A Dabo le gustó tanto la lección del grano de café que incluso llevaba consigo un llavero con un pequeño grano de café de madera que Damon le había regalado. A Jon le interesó el tema y quiso saber más sobre Damon y su mensaje, así que lo llamó y le pidió que le contara la historia.

El éxito, el fracaso y la recuperación audaz de Damon fue una de las historias más asombrosas que Jon había escuchado.

Damon le habló sobre el poder del mensaje del grano de café y de cómo este transformó su vida y guio su improbable y milagrosa recuperación. Jon pensó que tenían que compartir el mensaje del grano de café con todo el mundo, por lo que le pidió a Damon escribir juntos este libro.

Damon y Jon creen que el mensaje del grano de café es primordial e impactante para el planeta, y esperan que esta sencilla lección os anime, tanto a vosotros como a vuestros equipos, a cambiar positivamente.

EL GRANO DE CAFÉ

¿Eres una zanahoria, un huevo o un grano de café?

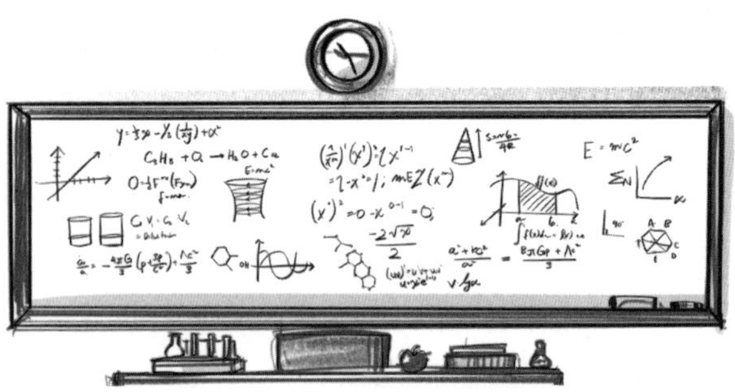

Normalmente, a Abraham le encantaba la clase de Ciencias, pero aquel día no le gustó. Ese día en concreto, odiaba la ciencia, la escuela y toda su vida. Cuando su profesor favorito, el Sr. Jackson, miró a sus alumnos, se dio cuenta de que Abraham no era el mismo de siempre. Cuando acabó la clase le pidió que se quedara y le preguntó qué le pasaba.

Abraham, a quien todos llamaban Abe, le contó al profesor que estaba muy estresado porque tenía muchos exámenes próximamente y muchos trabajos por hacer. Además, también estaba nervioso porque el viernes por la tarde tenía un partido de fútbol muy importante.

Siempre había soñado con jugar a fútbol en la universidad, y había oído que uno de los ojeadores de la universidad iría al partido. Además, si ganaban ese partido, su equipo estaría más cerca de clasificarse para un campeonato nacional. Para empeorar aún más las cosas, sus padres se pasaban el día discutiendo, hasta el punto de que por primera vez habían empleado la palabra «divorcio».

Abe le contó al profesor que para evadirse de sus problemas pasaba mucho tiempo en las redes sociales y mirando vídeos, pero eso no le servía y se sentía cada vez más negativo y deprimido. Añadió que resulta difícil estar a la altura de las expectativas que cada uno tiene cuando está jugando bien, pero que aún es más difícil oír comentarios negativos cuando uno está jugando mal.

El señor Jackson movió la cabeza y le dijo a Abe que sabía perfectamente cómo se sentía. Fue a la pizarra y borró la fórmula que había escrita. Después, dibujó unas zanahorias dentro de una olla de agua hirviendo.

—¿Qué pasa cuando pones una zanahoria en un recipiente de agua hirviendo? —le preguntó el señor Jackson.

—Que se calienta —respondió Abe.

—Además de calentarse le pasa algo más —respondió el Sr. Jackson —. Quiero que esta noche en casa lo pruebes y veas qué le pasa a la zanahoria.

Abe le dijo que lo haría, aunque se preguntaba en qué iba ayudarle a resolver sus problemas el poner una zanahoria en un recipiente de agua hirviendo.

—Por cierto, si nunca has cocinado solo, pide ayuda... no quiero que te quemes —le dijo el Sr. Jackson con una gran sonrisa mientras Abe salía del aula.

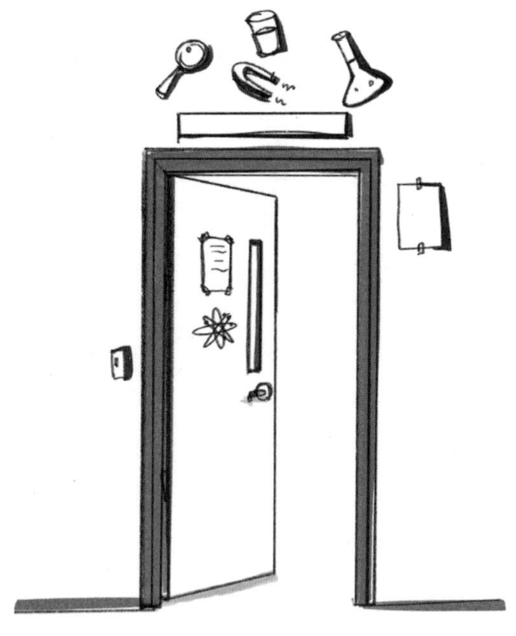

Al día siguiente, después de la clase, Abe le dijo al Sr. Jackson que la zanahoria que había puesto en la olla se había reblandecido al cabo de diez minutos.

—Sí, el entorno ha reblandecido la zanahoria. Las condiciones en las que estaba le han afectado —dijo el Sr. Jackson.

—Algo parecido a lo que me está ocurriendo a mí —dijo Abe.

—Exactamente igual —respondió el Sr. Jackson antes de ir hacia la pizarra y dibujar unos huevos dentro de un recipiente con agua.

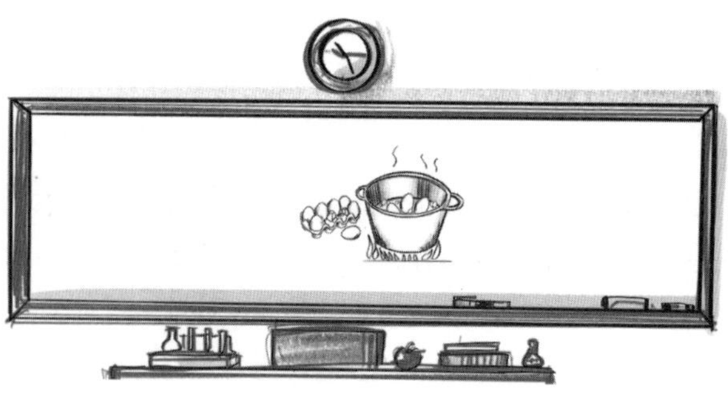

—Ahora dime, ¿qué ocurre cuando pones un huevo dentro de un recipiente con agua hirviendo?

—Esta sí que es fácil —dijo Abe—. Cuando pones un huevo dentro de la olla con agua hirviendo haces un huevo duro. Lo sé.

—¡Fantástico! —respondió el Sr. Jackson—. El agua hirviendo hace que el huevo se endurezca. El entorno y las condiciones en las que se encuentra el huevo hacen que este se endurezca.

—Por desgracia, esto le ocurre a mucha gente. Se vuelven malas, gruñonas y negativas, a veces llegan a bloquearse por culpa del difícil entorno en el que se encuentran. Empiezan a odiar la vida y a la gente. Su corazón se endurece, y pierden el deseo de amar y ser amados. No quiero que eso te ocurra a ti y por eso te estoy enseñando esta lección.

—Ya lo entiendo —dijo Abe que estaba empezando a entender por qué el Sr. Jackson le hablaba de huevos y zanahorias.

—La zanahoria se reblandece y el huevo se endurece cuando los pones en agua caliente.

—Ya lo entiendo —dijo Abe—. Yo no quiero ser como una zanahoria ni como un huevo.

—No, tú no —le dijo el Sr. Jackson—. Pero debes experimentar y entender una parte más de la lección.

Entonces, el Sr. Jackson borró el dibujo que había hecho del recipiente con los huevos, y dibujó unos granos de café dentro de una cazuela con agua.

—¿Qué pasa cuando pones un grano de café en agua hirviendo? —le preguntó el Sr. Jackson.

—No tengo ni idea —contestó Abe.

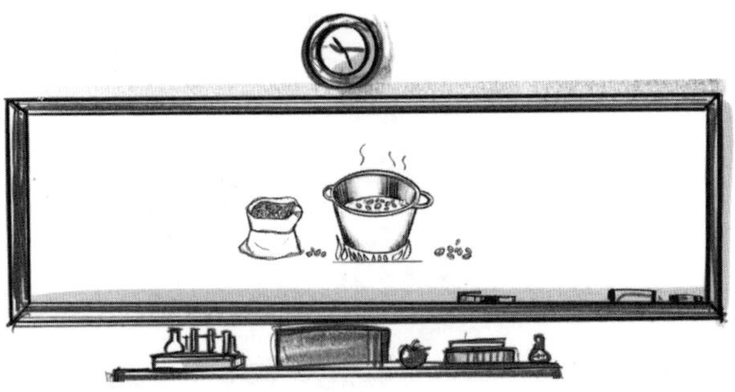

—De acuerdo, eso es lo que vas a hacer ahora —dijo el Sr. Jackson mientras sacaba unos cuantos granos de café de un tarro que tenía en su mesa y se los daba en la mano a Abe—. Ve a tu casa y ponlos en agua hirviendo durante una hora aproximadamente y mañana me cuentas qué ha pasado.

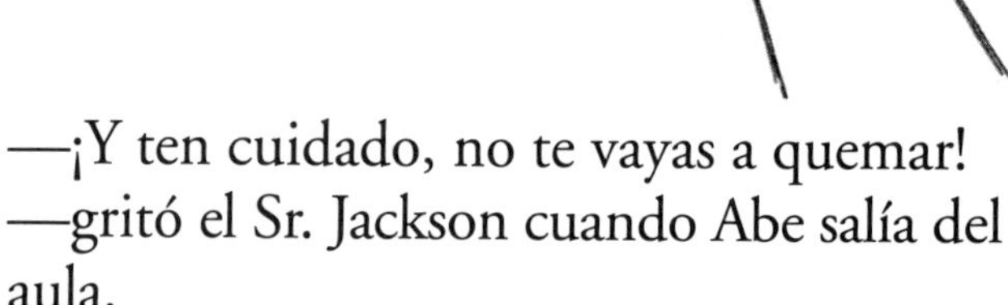

—¡Y ten cuidado, no te vayas a quemar! —gritó el Sr. Jackson cuando Abe salía del aula.

Al día siguiente, después de la clase, Abe se acercó al Sr. Jackson y le contó entusiasmado que había puesto los granos de café en agua hirviendo y que el agua se había convertido en café.

—Sabía que el café molido hacía el café —dijo—, pero no sabía que los granos de café también lo hacían.

—Claro, ambos funcionan de la misma manera —dijo el Sr. Jackson—, la única diferencia es que los granos de café tardan más en hacer café.

—Es magia —dijo Abe.

—Sí, lo es —respondió el Sr. Jackson—. Pero yo prefiero llamarlo «transformación».

Se acercó entonces a la pizarra y dibujó tres ollas una al lado de la otra: una con zanahorias, la otra con huevos, y la otra con granos de café.

—Es una de las lecciones más simples y poderosas que aprenderás en tu vida —dijo el Sr. Jackson mientras señalaba la pizarra.

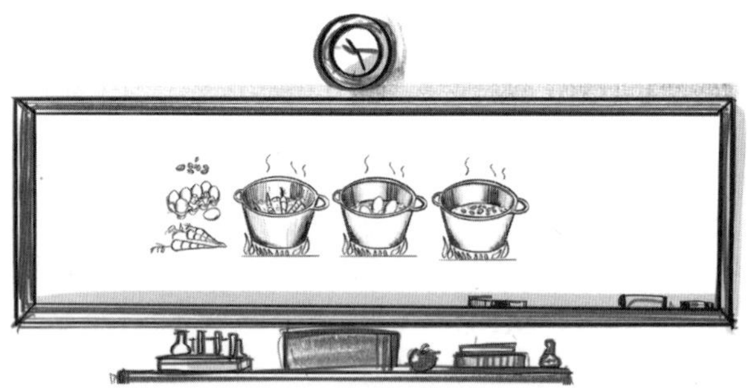

—La vida es como una olla con agua hirviendo. Puede ser dura, estresante y difícil. Te encontrarás en ambientes o te enfrentarás a situaciones que te pondrán a prueba y que, si lo permites, te cambiarán, te debilitarán o te endurecerán.

—Como todas estas situaciones por las que estoy pasando ahora —dijo Abe.

—Exactamente —respondió el Sr. Jackson.

—Estás sintiendo la presión del colegio, de los trabajos y de los exámenes. Sientes el calor que emanan las expectativas de ser un gran jugador de fútbol. Sientes que el matrimonio de tus padres está casi hirviendo. El odio en las redes sociales y la negatividad en el mundo están aumentando; es como si todo estuviera hirviendo en una gran olla a presión.

…Pero tú puedes elegir.

—Puedes ser como la zanahoria que se debilita y se reblandece por su entorno.

—Puedes ser como el huevo que se endurece por su entorno.

—O puedes ser como el grano de café que transforma su entorno.

—Y, cuando te miro, no veo una zanahoria. Tampoco un huevo.

Veo un grano de café que es capaz de superar las dificultades y cambiar el mundo.

—Quiero que recuerdes esta lección el resto de tu vida. Dondequiera que vayas y hagas lo que hagas, recuerda que eres un grano de café y que tienes el poder de transformar el entorno en el que te encuentres.

Por más difícil o desesperante que sea la situación, no te rindas nunca. Date cuenta de que nosotros no creamos nuestro mundo desde el exterior, sino que lo creamos y lo transformamos desde nuestro interior.

—Si piensas que eres una zanahoria, creerás que el poder y las fuerzas que hay a tu alrededor son más poderosas que lo que tú eres en tu interior, y acabarás debilitándote.

—Si piensas que eres un huevo, creerás que la negatividad que hay en el mundo tiene el poder de endurecer tu corazón, y te volverás negativo como el mundo.

—Pero, si sabes que eres un grano de café, no dejarás que el mundo exterior dirija tu vida. Sabrás que el poder que hay en tu interior es mucho más fuerte que las fuerzas que te rodean, y con esta visión podrás transformar tu entorno y el mundo desde tu interior.

—El poder está en tu interior.
Has de ser un grano de café.

Entonces, el Sr. Jackson sacó del bolsillo un grano de café y se lo entregó a Abe.

—Consérvalo en tu bolsillo para acordarte de quién eres y del poder que tienes. Sé que lo bueno está por venir.

Abe salió del aula con mucha energía y entusiasmo porque sentía que era un grano de café, dispuesto a enfrentarse a todos los problemas de su vida, empezando por el partido de fútbol del viernes por la tarde. Ya no estaba estresado por sus exámenes o por la relación de sus padres. Su perspectiva había cambiado, su energía se había reenfocado, y su moral estaba por los aires.

Aquella semana, cuando su entrenador le comentó durante el entrenamiento que controlara lo que pudiera controlar y que no se preocupara de lo que decían los medios de comunicación o del resultado del partido, Abe supo que se refería a que tenía que ser como un grano de café.

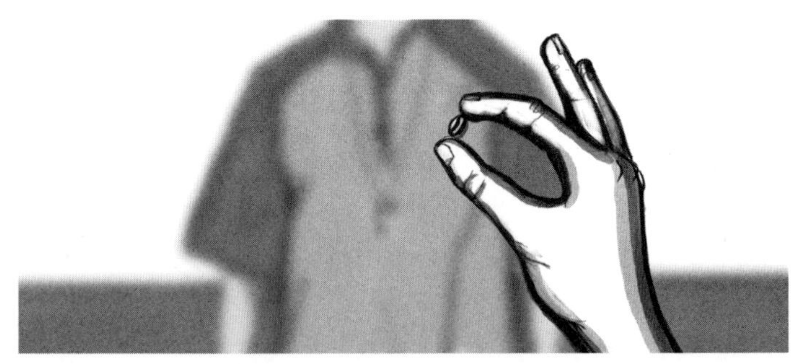

Contó a su entrenador y a sus compañeros de equipo la historia de la zanahoria, el huevo y el grano de café, y dio granos de café a todo el equipo. Les dijo que no importaba dónde jugaran o contra quién jugaran. Y que no importaba si la afición les vitoreaba o les abucheaba. El poder no está en las gradas, sino en uno mismo.

Aquel viernes por la tarde jugaron el mejor partido de su vida, y acabaron ganando el campeonato nacional.

Abe, sin embargo, se lesionó durante el partido. En la segunda parte, cuando tan solo quedaban unos minutos para finalizar el partido, hizo una jugada increíble para sellar la victoria pero se cayó en una mala postura. No podía andar y tuvo que abandonar el campo y ver los minutos finales desde el banquillo.

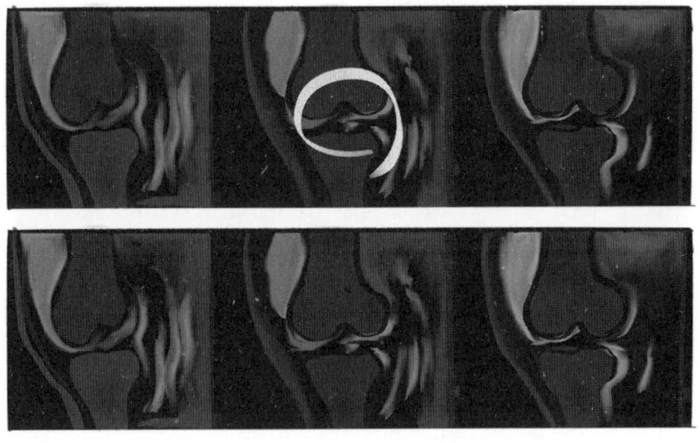

Unos días después, la resonancia magnética que le hicieron reveló que tendrían que operarle de su lesión de ligamento cruzado anterior. Se preguntó si la operación le impediría jugar en el equipo de la universidad, pero no dejó que aquella lesión le deprimiera. En el pasado, un contratiempo de ese tipo le habría amenazado con arruinarle la vida; en cambio, en ese momento pensó en cómo convertirlo en algo positivo.

Decidió crear un club de los granos de café cuyo objetivo fuera hacer que el colegio, la comunidad y el mundo se convirtieran lugares más positivos. Así fue cómo, además de ir a clases y hacer rehabilitación de su rodilla, dedicó su tiempo libre a reclutar a estudiantes que se unieran a él y visitaran las escuelas de primaria y leyeran libros infantiles a los estudiantes.

Abe y el club también escribían notas positivas para aquellos estudiantes que parecía que estaban pasando por un mal momento, y aleatoriamente realizaban actos de voluntariado. Otra de sus labores era la de colgar mensajes positivos en las redes sociales y, cuando lo hacían, firmaban como «club de los granos de café» al final de cada post.

—No tenemos que permitir que mensajes negativos inunden las redes sociales para influirnos. Nosotros podemos influir positivamente en las redes, y lo haremos de uno en uno —les dijo Abe a sus compañeros.

Durante lo que quedaba de curso escolar, la rodilla de Abe se fue reforzando, y el impacto del club fue creciendo. A finales de año, todos sabían que el club había transformado la cultura de la escuela. Ya no quedaba bien ser negativo. Ahora lo que quedaba bien era ser como un grano de café y ayudar a los demás.

Después de su graduación, Abe fue a la United States Service Academy a estudiar, servir a su país y jugar a fútbol. La mayoría de los equipos de las universidades le habían rechazado por culpa de su lesión en la rodilla, pero en la Service Academy les gustó su actitud y creyeron que él reunía las cualidades necesarias para triunfar allí.

Durante los primeros meses, Abe se dio cuenta de por qué su actitud había sido tan importante para los profesores de la academia, cuando el entorno y las condiciones eran las más duras con las que jamás se había encontrado.

En la academia habían creado un plan de estudios y un calendario diseñado para que los cadetes fracasaran. Era humanamente imposible para ellos cumplir con todo lo que les pedían hacer, por lo que tarde o temprano acababan fracasando. En la academia pensaban que a través del fracaso los cadetes se harían más fuertes, astutos y estarían mejor preparados. Aquellos que no conseguían aprender del fracaso eran los que abandonaban y, a través de ese proceso, la academia descartaba a unos y hacía más fuertes a otros.

Abe había decidido no ser uno de los que abandonaban la academia, y su arma secreta era ser como un grano de café.

En la academia, el agua estaba más caliente que nunca, pero Abe lo vio simplemente como una oportunidad de transformar su entorno sin dejarse debilitar o endurecer por él.

Se dijo a sí mismo que el fracaso no es una definición. Es simplemente un suceso. El mero hecho de fracasar en algo no quiere decir que seas un fracasado. Es una situación que has de superar y transformar. Y, si estás dispuesto a aprender del fracaso, saldrás más fuerte.

Pensaba lo mismo sobre la relación de sus padres, que desgraciadamente acabó en divorcio. Indudablemente fue triste para él, pero no iba a dejar que el divorcio definiera su vida o su relación con sus padres. Quería que cambiaran, pero no podía obligarles. Lo único que podía hacer era quererlos y ayudarles a sobrellevar el divorcio de una manera amigable.

Abe creció como líder y se convirtió en una estrella del fútbol en la academia. Compartió su lección del grano de café con muchos de sus compañeros cadetes y del equipo de fútbol, e incluso con algunos administrativos, entrenadores y profesores.

El equipo de fútbol pasó a ser uno de los que más había mejorado en el país y, después de varios años, la academia se percartó de que muy pocos querían abandonarla. Descubrieron que, en el pasado, los cadetes no se iban porque eran incapaces de enfrentarse a la adversidad, sino porque se veían a sí mismos como zanahorias.

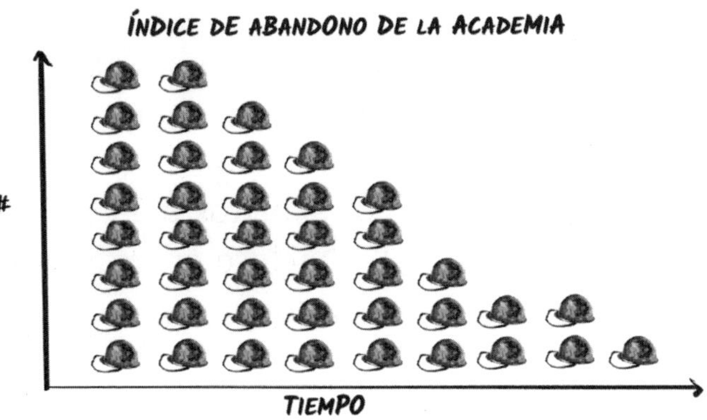

Cuando Abe les abrió los ojos y les ayudó a ver que podían ser como granos de café, todo empezó a cambiar. En la academia se seguía poniendo la misma presión en los cadetes y las condiciones seguían siendo las mismas, pero ahora los cadetes sabían de verdad quiénes eran. Empezaron a entender que ya no eran víctimas de su entorno. Reconocieron el poder que tenían para superar y transformar su situación.

Después de graduarse en la academia, Abe fue a hacer de líder en el ejército y se llevó consigo su grano de café.

Dondequiera que fuera y fuera cual fuera el batallón que liderara siempre contaba la lección del grano de café a sus soldados y les entregaba uno para que la recordaran siempre. Ellos aprendían de él, pero Abe también aprendía de ellos.

En algunos de los lugares y situaciones más peligrosos, Abe veía cómo sus soldados

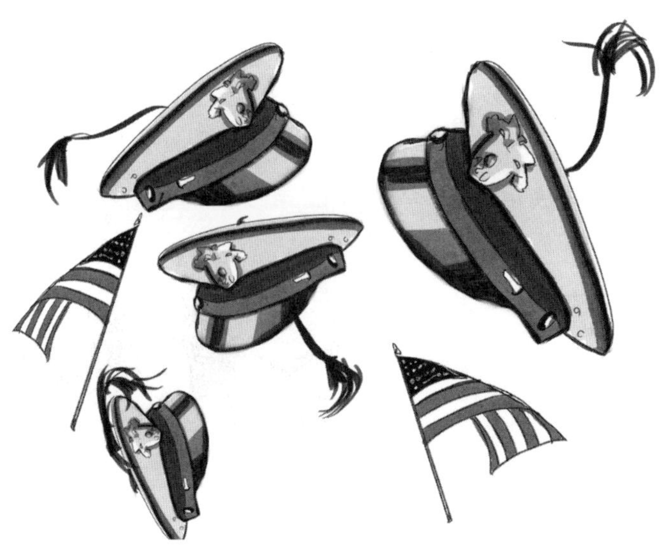

arriesgaban sus vidas por su país y por sus compañeros.

Aprendió que el amor es mejor que el miedo, y que su amor y su voluntad de sacrificarse por los demás eran más grandes que el miedo a un resultado perjudicial. Había oído decir que el amor expulsa el miedo, y ahora lo estaba comprobando con sus propios ojos.

Abe creía que entender la interacción entre el amor y el miedo encajaba perfectamente en su lección del grano de café. Enseñó pues a sus soldados que, mientras que el miedo y la inquietud te debilitan o te refuerzan, el amor te transforma, y también a la gente y las situaciones que te rodean.

Si sabes que eres un grano de café que lideras y vives con amor, el miedo no tendrá ningún poder sobre ti.

No es sorprendente que las unidades militares de Abe se convirtieran en unas de las más unidas, comprometidas y eficientes del ejército.

Cuando terminó sus cinco años de servicio en el ejército, regresó a su ciudad natal.

Se casó con su amor del instituto y se presentó como voluntario para entrenar a su antiguo equipo de fútbol. Le encantaba entrenar, pero deseaba empezar a trabajar en una empresa. Él y su mujer hablaban muchas veces de formar una familia, pero Abe sabía que para ello antes tenía que encontrar un trabajo.

Al final encontró un trabajo de ventas, y poco después su mujer se quedó embarazada de su primer hijo. Con los años, tuvieron tres hijos.

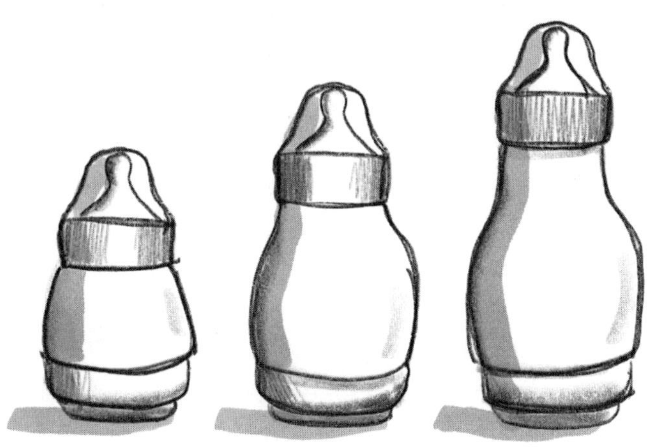

Mientras su familia iba creciendo, Abe trabajaba arduamente para mantenerla. Sin embargo, el problema era que, por más duro que trabajara, sus ventas continuaban cayendo. De pronto, sintió una enorme presión por tener que mantener a su familia y, para empeorar las cosas, su empresa no iba bien por culpa de unos cambios tecnológicos y económicos que estaban fuera de su control.

Día tras día, semana tras semana, Abe se iba estresando y preocupando cada vez más por el futuro de su familia al ver que no conseguía sus objetivos de ventas y de ingresos.

Cuando su mujer intentaba hablar con él sobre sus preocupaciones, él se limitaba a decir «lo solventaré» y se iba de la habitación. Cuanto más intentaba apoyarle su mujer, más se cerraba él.

Dejó de ver a su mujer y a sus hijos como regalos de la vida y empezó a verlos como obligaciones que tenía que mantener. Miró la hipoteca, los dos coches, las facturas del médico y las deudas de la tarjeta de crédito, y vio a su familia como personas cuyas vidas dependían de él.

Un sábado de invierno, Abe estaba sentado solo en la cocina bebiendo una taza de café y pensando en sus próximos pasos. Su mujer había llevado a sus hijos a dar un paseo para evitar que vieran su sufrimiento.

Busca un trabajo nuevo. Vuelve al ejército. Vete y no vuelvas nunca más. Pensaba en esas cosas. Puso la taza de café sobre la mesa, y la cara entre sus manos. Entonces miró la taza y pudo sentir el calor que salía del café. Era un día frío y, sin embargo, el café le estaba calentando.

Movió la cabeza. Qué fácil olvidar. Se había olvidado de la lección que años antes había cambiado su vida. Había dejado que su entorno le debilitara y le endureciera al mismo tiempo. Enseguida entendió que esto ocurre cuando aparecen las adversidades, cuando nuestros cimientos se tambalean y cuando el miedo se apodera de nosotros.

Fue a la tienda y compró unos granos de café. Los colocó en una taza sobre su escritorio y se metió uno en el bolsillo. Prometió que nunca volvería a olvidarse de ello y que no dejaría que sus circunstancias definieran su futuro o el de su familia.

Cuando su mujer y sus hijos regresaron a casa se disculpó y les dijo:

—A partir de hoy voy a volver a ser como un grano de café.

El lunes llegó al trabajo seguro de sí mismo, comprometido y creyendo que encontraría la manera de prosperar. Y lo consiguió.

Sus compañeros y líderes enseguida notaron su cambio de actitud, su energía y sus resultados.

Mientras que todos a su alrededor seguían lamentándose y anhelando los viejos tiempos, Abe se puso manos a la obra, trabajó duro, desarrolló nuevas relaciones y oportunidades, y creó un montón de días buenos. Al cabo de poco tiempo fue ascendido a director de ventas del distrito y, un año más tarde, a director regional de ventas.

La mayoría de los vendedores y directores regionales seguían quejándose de su situación y de la economía, pero Abe había enseñado la lección del grano de café a su equipo. Juntos se concentraron en aquello qué podían controlar, y trabajaron duro con optimismo para convertirse cada trimestre en la región número uno en ventas de la compañía.

Los líderes de la compañía se dieron cuenta de que Abe y su equipo estaban haciendo algo diferente.

Al ver que las ventas generales seguían cayendo y los beneficios disminuían, los líderes decidieron hacer algo diferente para salvar su compañía y su futuro. Entonces, promocionaron a Abe como director de ventas y marketing, esperando que él cambiaría las cosas.

Abe habló con el personal de la compañía y les dijo que, en lugar de tener miedo del futuro, lo que tenían que hacer era estar encantados con el reto al que se enfrentaban.

Noche tras noche, Abe llegaba a casa y comentaba los problemas de su compañía con su mujer y sus hijos para que ellos también se implicaran en la búsqueda de soluciones.

Quería que sus hijos aprendieran a resolver problemas y a buscar soluciones, en lugar de ser ese tipo de personas quejicas que siempre echan la culpa a otros.

Él y su mujer habían decidido que no querían enseñar a sus hijos a sobrevivir únicamente. Querían enseñarles a prosperar.

Evidentemente, comentaban a menudo con ellos el cuento del grano de café, y sus hijos también participaron en la preparación de la presentación para la empresa.

En la reunión de ventas nacional, Abe presentó su plan para ganar en sus mentes, ganar en los despachos, recuperar clientes, ganar en el mercado y ganar el futuro. La lección del grano de café ocupó la mayor parte de su presentación y compartió experiencias de su propia vida para reforzar su mensaje.

Por primera vez en mucho tiempo, la gente de la empresa se sentía emocionada y entusiasmada por volver al trabajo y crear un futuro en equipo.

A pesar de todo el optimismo y la excitación, el cambio no era fácil y no se iba a producir de la noche a la mañana. La gente seguía teniendo miedo y se preguntaba si el plan de Abe funcionaría. La situación no pintaba bien.

Pero Abe no renunció a su plan. Sabía que era simplemente una situación que tenía que ser transformada y seguía compartiendo su plan, su confianza en él y su mensaje del grano de café con todo el mundo.

Y al final se produjo la transformación.

Después de que la compañía hubiera pasado por el peor trimestre financiero de su historia, las cosas empezaron a cambiar.

Con la ayuda y la dirección de Abe, la compañía adaptó, innovó y añadió nuevos productos y servicios, eliminó los que ya no funcionaban, optimizó las operaciones y transformó la compañía con nuevas tecnologías e ideas... con un arduo trabajo y con las agallas de siempre.

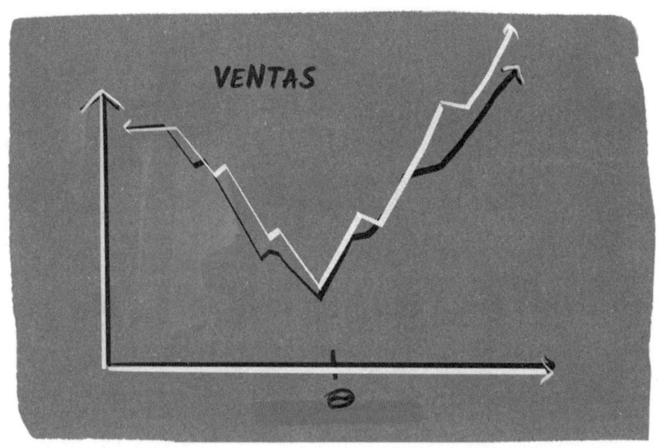

En una industria en la que la mayoría de sus competidores estaban desapareciendo, la compañía de Abe iba prosperando.

Todos pudieron comprobar de primera mano el poder del grano de café.

Abe y su compañía no permitieron que las condiciones económicas y la industria les cambiaran a peor, sino que fueron ellos los que cambiaron la industria y las condiciones económicas a mejor.

Expertos de todo el mundo se pusieron a estudiar el éxito y la transformación de la compañía de Abe y le invitaron a hablar en muchas conferencias.

Cuando hablaba del grano de café se sentía eufórico y al cabo de unos años decidió compartir el mensaje del grano de café con todo el mundo.

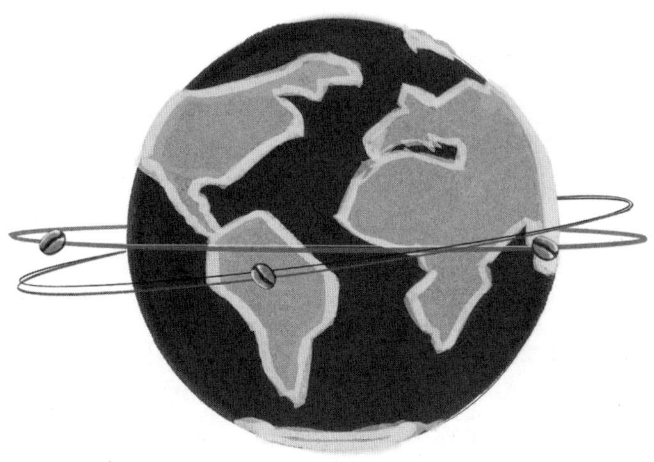

Cuando sus hijos estaban ya en la universidad, Abe abandonó la comodidad de su trabajo para compartir el mensaje del grano de café con cualquiera que quisiera escucharle.

Muchas veces reflexionaba sobre la conversación que había tenido con el Sr. Jackson, y reconocía que el grano de café le había cambiado la vida para siempre. Sentía que su misión y su responsabilidad eran influir en la vida de tantas personas como fuera posible.

Y eso es
lo que hizo.

Pasó el resto de su vida compartiendo el mensaje del grano de café.

Lo compartió con empresas, escuelas, equipos deportivos, organizaciones no gubernamentales, hospitales e incluso con niños.

Habló en escenarios enormes y en salas pequeñas, y nunca se cansó de hacerlo.

Continuamente le llegaban casos de transformaciones y de cambios de vida radicales y cada nota que recibía le motivaba a seguir año tras año, década tras década.

Cuando ya era un anciano, la gente solía preguntarle cuándo se iba a jubilar, pero él siempre respondía con una carcajada.

—Dejaré de hacer lo que hago cuando dejen de existir los granos de café o cuando muera, lo que ocurra primero.

No era un trabajo o una profesión, sino una misión en su vida, y sabía que al final lo que importaba no era cuánto dinero tuviera en la cuenta corriente o cuántos premios hubiera recibido. Lo que de verdad le importaba era la diferencia que provocaba en la vida de la gente.

Al final de su vida, cuando ya dejó de viajar en avión o de dar conferencias, no permitió que su anciano cuerpo le impidiera seguir aconsejando a los demás. Después del fallecimiento de su mujer y cuando sus nietos ya eran mayores, lo único que le quedaba era tiempo y sabiduría y pasó sus últimos años repartiendo esas dos cosas.

Solía sentarse en un banco de un parque próximo a su casa y compartía la lección del grano de café con todos los que quisieran escucharle.

Un día, un universitario que estaba jugando al baloncesto se sentó a su lado en el banco para descansar. Parecía estar temeroso y preocupado, y Abe le preguntó cuál era el motivo.

El joven empezó a contarle que todo en su vida iba mal: había suspendido los exámenes, su novia le había dejado y tenía que dar un concierto con su grupo de música que le inquietaba mucho. Por no hablar de la negatividad que había en el mundo y que le deprimía.

—¿Qué es lo importante en la vida? —le preguntó el joven.

Abe sacó de su bolsillo un grano de café y se lo entregó al joven diciéndole:

—Déjame que te cuente la historia de la zanahoria, el huevo y el grano de café…

FIN

Los autores

JON GORDON ha inspirado a millones de lectores del mundo. Es autor de dieciocho libros, entre ellos seis bestsellers: *The Energy Bus, The Carpenter, Training Camp, Wou Win in the Locker Room First, The Power of Positive Leadership* y *The Power of a Positive Team*. Es un apasionado del tema del desarrollo de líderes, organizaciones y equipos positivos.

DAMON WEST es conferenciante sobre la motivación y autor de *The Change Agent: How a Former College QB Sentenced to Life in Prison Transformed His World*. Los últimos años ha estado compartiendo la lección del grano de café con equipos de fútbol universitarios, como Clemson, Alabama, Georgia y Texas, y con numerosas escuelas y empresas. Damos es un apasionado del mensaje del grano de café y le gusta explicar cómo cambió su vida y cómo puede cambiar también la vuestra.

La ilustradora

RACHEL YEDAM KIM nació y se crio en un pequeño pueblo de Corea pero atravesó medio mundo para ir a estudiar arte digital en la Universidad Southern California. Toda su vida ha estado dibujando y pintando y le encanta contar cuentos inspiradores.

Cuando no está dibujando te la puedes encontrar en la calle haciendo fotografías, editando vídeos de bodas y bebiendo demasiado café.

Para más ilustraciones y dibujos visita www.yedamkim.com.

Notas

Notas

Serie Inteligencia Emocional

Harvard Business Review

Esta colección ofrece una serie de textos cuidadosamente seleccionados sobre los aspectos humanos de la vida laboral y profesional. Mediante investigaciones contrastadas, cada libro muestra cómo las emociones influyen en nuestra vida laboral y proporciona consejos prácticos para gestionar equipos humanos y situaciones conflictivas. Estas lecturas, estimulantes y prácticas, ayudan a conseguir el bienestar emocional en el trabajo.

Con la garantía de **Harvard Business Review**

Participan investigadores de la talla de
Daniel Goleman, Annie McKee y **Dan Gilbert**, entre otros

Disponibles también en formato **e-book**

Solicita más información en revertemanagement@reverte.com

www.reverte.com

Guías Harvard Business Review

En las **Guías HBR** encontrarás una gran cantidad de consejos prácticos y sencillos de expertos en la materia, además de ejemplos para que te sea muy fácil ponerlos en práctica. Estas guías realizadas por el sello editorial más fiable del mundo de los negocios, te ofrecen una solución inteligente para enfrentarte a los desafíos laborales más importantes.

Monografías

Michael D Watkins es profesor de Liderazgo y Cambio Organizacional. En los últimos 20 años ha acompañado a líderes de organizaciones en su transición a nuevos cargos. Su libro, **Los primeros 90 días**, con más de 1.500.000 de ejemplares vendidos en todo el mundo y traducido a 27 idiomas, se ha convertido en la publicación de referencia para los profesionales en procesos de transición y cambio.

Las empresas del siglo XXI necesitan un nuevo tipo de líder para enfrentarse a los enormes desafíos que presenta el mundo actual, cada vez más complejo y cambiante.

Este libro presenta una estrategia progresiva que todo aquel con alto potencial necesita para maximizar su talento en cualquier empresa.

Publicado por primera vez en 1987 **El desafío de liderazgo** es el manual de referencia para un liderazgo eficaz, basado en la investigación y escrito por **Kouzes** y **Posner**, las principales autoridades en este campo.

Esta sexta edición se presenta del todo actualizada y con incorporación de nuevos contenidos.

¿Por qué algunas personas son más exitosas que otras? El 95% de todo lo que piensas, sientes, haces y logras es resultado del hábito. Simplificando y organizando las ideas, **Brian Tracy** ha escrito magistralmente un libro de obligada lectura sobre hábitos que asegura completamente el éxito personal.